La philosophie en Poésie

PHILOPOESIE

Lydia MONTIGNY

PHILOPOESIE

Mentions légales

© 2022 Lydia Montigny

Édition : BoD – Books on Demand, info@bod.fr
Impression : BoD – Books on Demand, In de Tarpen 42, Norderstedt (Allemagne)

Impression à la demande

ISBN : 978-2-3224-5279-8
Dépôt légal : Novembre 2022

Jour imaginaire

Parenthèse mystérieuse

Etre ou devenir

L'ATTENTE

L'attente répond

A l'imagination :

L'avenir de son « oui »

Devient l'espérance choisie

Quand l'ennui de son « non »

S'impatiente en rebonds…

Marcher à travers

Le silence du monde

Sourire toujours

Conjugaison pour PHILOSOPHER

J'existe en ciel

Tu files au zoo, fi !

Elle transe en danse

Nous fonds à mental

Vous idées à listes

Ils princes hipes

Désordre de Tout

Aucun début aucune fin

L'Absolu du Rien

La théorie de l'Absurde

n'est pas une Absurde théorie...

Sinon que ferait une araignée

au milieu de sa toile ?....

S'attraperait-elle elle-même ?...

L'encre est existence

La question est réponse

Lecture croisée

CE TEMPS

Le temps baille, s'étire
Dans l'ennui qui respire
Et la vie sans ses ombres
S'éveille mais ne sombre.
Il suffit de sentir
Le parfum d'un souvenir
Pour que se teinte de couleurs
L'espoir d'un bonheur.

L'éventail soupire
Charmé par ton sourire,
A croire que les mots
Sont encore plus beaux
Quand l'encre interdit
Les larmes de l'oubli.
Le temps est élégance
Tes pas… sa révérence…

Jeu de cache-cache

Entre l'œuf et la poule-

L'ombre du renard

ECRIRE UNE POESIE...

Ecrire une poésie
Avec des voyelles,
Des ponctuations essentielles
S'égarant dans les ruelles
Aux rimes perpétuelles,
Où des pas lents et sensuels
S'attardent dans leur duel
Avec des ombres frêles ;
Tant de mots restent immobiles
Dans ce rêve indélébile...

Ecrire une poésie
Avec tant de consonnes
Qui se doublent et s'envolent,
Se croisent et résonnent,
Ou s'enroulent et raisonnent
Tant l'infini la passionne...

.../...

…/…

Ecrire des vagues longues
A l'encre de ce monde,
Poser des rimes rondes
Sur des pensées profondes…

Ecrire une poésie
Avec tout ce qui est et vit,
Dans ce miroir qui réfléchit
La vérité éclaircie ?
Ecrire des mots de féérie
Quand la sagesse se réfugie
Dans une douce mélodie
A l'heure de l'infini…
Ecrire une poésie
Suivant une harmonie de l'esprit…

Réelle existence-

Eclaboussures du jour

Sur le mur des rêves

Conjuguer l'IMPOSSIBLE

J'imagine le Futur

Tu estimes le Conditionnel

Elle rêve du Futur Antérieur

Nous dépassons le Subjonctif

Vous espérez le Plus Que Parfait

Ils conjuguent le Présent

En toute patience

Faire un pas pour mesurer

La longueur du temps

L'EAU DE L'OUBLI

A l'eau de l'oubli
Je lave mes soucis,
Mes échecs occis
Dans la blancheur des nuits

Sous l'eau de la nuit
Je nage sans minuit
Et la lumière des bruits
S'allume quand tu ris

Dans l'eau de ton rire
Je fonds sous ton désir,
Et j'aime ce doux soupir
Qui ne veut pas finir

…/…

…/…

A l'eau de l'infini
Se mêle ce bleu exquis
Celui que jamais je n'oublie
Même les jours de pluie

Marcher sur un fil

Entre irréel et réel

Atteindre le **i**

CHOISIR...

Choisirais-tu
Entre la Sagesse du Silence
Souriant d'insouciance,
Et les paroles de silences
Soupirant de défiances ?

Préfèrerais-tu
Te réfugier dans mes bras
Quand le soleil est bas,
Ou t'enfuir, tes pas dans mes pas
Quand la lune s'en va ?

Aimerais-tu
La douleur de cette heure
Tatouée de solitude
Ou la douceur de ce heurt
Avouée par plénitude ?

.../...

…/…

Choisirais-tu
Entre la force de ton destin
Et ma fragilité entre tes mains ?...
Ne choisis rien,
L'amour te va si bien…

Regarder demain

Avec les yeux de l'enfant

Qu'il était hier

SANS NOM

Je n'ai pas de nom
Aucun ne me correspond…

Je ne suis pas animal
Ni rien de végétal,
Tu ne me vois pas
Même si je suis dans l'encre, là…

Savoir être personne
Dans le silence qui sonne
C'est être aussi quelqu'un
Dans le secret d'un parfum…

…/…

.../...

Je n'ai pas de nom...
Aucun mot n'a raison
De cette liberté
Pour laquelle je suis née,
Et c'est bien plus aisé
Pour un jour oublier.

Je n'ai pas de nom
Juste un rire, un son,
Un regard, une passion
Une pensée à l'unisson...

Cueillir tous les mots

Traduire dans toutes les langues

Un seul « Je t'aime »

La vie grignote le temps

Oubliant le sens du vent

Et le sentiment de l'infini

Est un infini sentiment...

Univers des songes

Ruissèlement d'étoiles

Lueur dans tes yeux

NAITRE

Parvenir à naître
Et devenir un Etre,
C'est comme se rencontrer
Et ne plus se quitter

Le temps et la raison
Ne sont rien dans passion
Et le temps a raison
Du son du diapason

Revenir et paraître
Revoir et reconnaître,
Qui sait un jour peut être
Viendrai-je à renaître...

Un livre au soleil

Est toujours en noir et blanc

Et la nuit aussi

A la question fatale

Répond la vérité de cristal

Et les idéaux improvisent

Cette liberté sans emprise

Au défit du temps

L'écriture se grave –

Nos initiales

L'INFINI

L'infini va si bien
Au silence sans fin
A croire que les mots
Prennent la forme de l'eau

L'infini se souvient
De la forme de demain
A croire que ses mains
Dessinent un chemin

Couleur espérance

Dans le prisme des mots

REVER et REVER

Ecouter Hier

Penser Aujourd'hui

Ecrire Demain

Vivre existentiellement

Chercher la sagesse

Est une vraie sagesse

Trouver - l'ineptie

L'OUBLI

L'oubli divise
Quand les chiffres improvisent,
Car le temps exige
Que nos pas se suivent.

La liberté se fait valise
Légère et oisive,
Et le présent voltige,
Modeste prestige.

L'amour reste ce vertige
S'éloignant des rives,
Lâcher prise grise
Et l'oubli se captive

Simplicité nue

Liberté intemporelle

Croiser un regard

CARPE DIEM

Le passé
Est parfois antérieur
Simple
Ou composé

Le futur
Peut être proche
Conditionnel
Ou subjonctif

Le présent
Est impératif,
Un instant intemporel,
Simple et libre
Sans être imparfait
Ni plus que parfait

Le présent EST !

Parler l'éolien

La conscience d'un moulin

Aérant les mots

SILENCE...

Le silence sait tout
Même s'il ne dit rien,
Intense et doux
Il sculpte le jardin
Où flânent les âmes frêles
Et les pas qui se mêlent...
C'est un destin secret
Dont se cache la clef...

Le silence dit tout
Ici, et là, partout,
Avec ses volumes fous,
Ses silhouettes qui se nouent
Aux paroles un peu floues
Quand les regards avouent...
Le silence tait tout
De chaque rendez-vous...

Gouter la douceur

Surestimer un cactus

Haïku du fakir

OU ?

Où est le hasard
Celui qui va nulle part
Et dit au revoir
Sur le quai d'une gare ?

Où est cette absence
Bruissant de silence,
Tous ces mots qui pensent
Dans le vide en confiance ?

Où est cet endroit
Si loin, à quelques pas,
Envahissant le présent
Tel un rire dans le vent…

Tourner une page

Pour croire qu'on est demain

Relire cette page

Penser   ou   devenir

Devenir   ou   savoir

Savoir   ou   comprendre

Comprendre   ou   penser

Savoir s'arrêter

Et en comprendre le sens –

Demain imagine

L'oubli

n'est autre que

l'ombre

du souvenir

Choisir la couleur

Des habits de liberté

Marcher pieds nus

Ecoute la nature

Sauvage
Dormant si sage,
Dans ton corps sans âge.
Elle cherche l'image
D'un doux paysage
Et t'invite au voyage
A travers cette page

Ecoute la nature

Animale
Du loup marginal
Au regard fatal
Croyant au secret original
De la lune pale ;
Dans la nuit de cristal
Son ombre se fait rivale

Ecoute la nature…

Ecrire une histoire -

Respecter chaque hasard

Choisissant les mots

Il suffit de dire… « SABLE »

… pour imaginer le DESERT…

Et de dire… « DESERT »

… pour penser à PERSONNE

Alors le psychanalyste demandera :

- « QUI ? »

… et le sage méditera sur…

… PERSONNE…

Boussole singulière

N'ayant qu'une seule direction-

La solitude

ENERGIES

C'est le temps
Fuyant la faiblesse
Qui nous blesse
Puis nous lasse
Et nous laisse
Hésitants

C'est le vent
S'enfuyant au galop
S'envolant plus haut
Dévalant les vaux
Tournoyant si beau
Couleur cerf volant

C'est la vie
Qui se lève encore
Tel un soleil d'or,
La force et l'effort
De l'espoir venant éclore
Ici comme un trésor...
Energies de la vie...

Feuilleter le temps

Le grand livre des âmes

Surprendre le vent

Respecter la Vie

Sans mépris, sans envie,

Dans l'ignorance appuyée

De cette foule muette,

Telle une vérité ennuyée,

Devant une allumette…

Changer de couleurs

Jusqu'à devenir invisible

Le caméléon

BONHEUR

Devant l'impossible
Des mots invisibles,
Je gribouille la page
De couleurs trop sages,
De signes venus d'ailleurs
Presque par erreur.

Devant l'inextricable
De ce labyrinthe implacable,
Le bonheur simple et nu
Dessine en continu
La forme de la vie
Sur l'horizon d'un « oui »

Garder la force

D'avoir encore une ombre

Lueur de courage

JAMAIS

N'est pas un mot
Mais un soleil dans le dos
Projetant un TOUJOURS
Sur l'ombre de chaque jour...

TOUJOURS

Est ce silence
Apaisant la patience,
Disant qu'Aujourd'hui
Est l'aube de la vie...

Jour de superflu

Disparaître dans l'essentiel

Le moulin à vent

Attendre dans le silence

Que s'imprime la magie de l'existence

Dans un instant de conscience

A l'encre de l'intelligence

Vouloir Apprendre

Conjuguer l'Espérance

Apprendre à Vouloir

Respect du silence

Appuyant sur l'importance

De la force de l'existence...

La sagesse pense...

La vie s'adoucit

En feuilletant le silence

Politesse de l'air

QUESTION - REPONSE

Une question
Sans réponse vraiment
Un « peut être » ou un « non »
Un « oui » dans le vent

Un « pourquoi »
Sans réponse à rien
L'évidence d'un choix
Que le néant retient

Une réponse
Folle dans ton cœur
Que le désir prononce
En questionnant le bonheur

Aimer le doute

Vouloir comprendre encore

La force d'un Oui

DE CHAQUE PENSEE...

De chaque pensée
Naissent des mots,
Des phrases colorées,
Des ailes d'oiseau
Pour traverser la mer
Des douleurs et des pleurs,
Ou éparpiller dans l'air
Les pétales du bonheur...

De chaque pensée
Nait le silence
Venant se poser
Sur l'humble confidence,
En gage de respect.
De chaque pensée
Nait un secret
A peindre de vérité,
A dire au monde entier,
Et dans la nuit, le voir briller...

Exister sans âge

Vivre pour chaque désir

Instant carpe diem

SE PERDRE...

Dans les méandres sages
De mes idées sans rivages,
Sur les folles images
De ces fresques sans âge,

... Je me perds rêveusement...

Dans les couleurs d'automne
Que les arbres tâtonnent,
Sous les formes de l'ombre
Où mon corps aime se fondre

...Je me perds subtilement...

Entre tes bras, enlacée
Et nos doigts entrecroisés,
Entre nos souffles échangés
Et nos soupirs partagés

...Je me perds passionnément...

.../...

…/…

Sous la pluie glacée d'étoiles
De l'aurore boréale,
Sous la vie au frêle émail
Que le temps entaille,

…Je me perds sans me défendre…

Sur ta page diaphane
Les phrases sont océanes
Je te cherche du cœur
Comme la lueur du bonheur

… J'aime me perdre sans comprendre…

Vouloir l'univers

Apprivoiser la douleur

Offrir un sourire

L'attente,

C'est le moment espéré,
Redouté, souhaité,
Pour rester suspendu
Au vide nu,
Et croire en l'inconnu,
Cette richesse inattendue…

L'attente,

C'est un pas devant soi
Que l'on ne fait pas,
Ou celui en arrière
Egaré dans hier,
Devenant l'impatience
Que la lenteur offense

…/…

…/…

L'attente,

C'est créer le désir,
Le plaisir de Devenir,
Le bonheur d'enfin lire
Sur ces mots un sourire ;
Elle est Imagination
A la lumière d'une réflexion

Regard du futur

Question existentielle

Perdre ses lunettes

Devenir l'impossible
En rencontrant l'éternité...

Croire que tout est possible
Puisque l'éternité est née...

Imaginer tout

Métamorphoser le néant

La métaphysique

LUMIERE PHILOPOETIQUE

La lumière oscille

Invariablement
Intemporellement
Entre l'expérience
Et la chance,
Entre la patience
Et l'absence,
Entre l'intelligence
Et ce que la sagesse pense

Mais jamais ne vacille

Des arbres dans l'eau

Reflets contemplateurs

L'automne s'adore

QUELQU'UN D'HEUREUX

Personne n'est là
Par hasard
Et la quête du Pourquoi
Est une belle histoire

Tout le monde apprend
La valeur du Comment,
L'existence raturée
Par les verbes du passé

On devient mystérieux
En devenant Quelqu'un
Mais tellement plus heureux
Caché dans le silence du matin

Air de silence

Interdire d'interdire

Vent de liberté

HONI SOIT QUI MAL Y PENSE

J-app-ense

Tu liberté-de-penser

Il 1 -10-pensabilisât

Nous contre-pensassions

Vous pour-pense-riez

Ils 10 pensent-air

Ivresse de l'air

Argument philosophique

Vol d'un papillon

Livres précédents (BoD)

* *Dans le Vent (VII 2017)*
* *Ecrits en Amont (VIII 2017)*
* *Jeux de Mots (VIII 2017)*
* *Etoile de la Passion (VIII 2017)*
* *As de Cœur (XI 2017)*
* *Pensées Eparses et Parsemées (XI 2017)*
* *Le Sablier d'Or (XI 2017)*
* *Rêveries ou Vérités (I 2018)*
* *Couleurs de l'Infini (II 2018)*
* *Exquis Salmigondis (V 2018)*
* *Lettres simples de l'être simple (VI 2018)*
* *A l'encre d'Or sur la Nuit (X 2018)*
* *A la Mer, à la Vie (XI 2018)*
* *Le Cœur en filigrane (XII 2018)*
* *Le Silence des Mots (III 2019)*
* *La Musique Mot à Mot (IV 2019)*
* *Les 5 éléments (V 2019)*
* *Univers et Poésies (VIII 2019)*
* *Les Petits Mots (X 2019)*
* *Au Jardin des Couleurs (XI 2019)*
* *2020 (XII 2019)*
* *Nous... Les Autres (X 2020)*
* *Ombre de soie (III 2020)*
* *Les Jeux de l'Art (IV 2020)*
* *Harmonie (VI 2020)*
* *La source de l'Amour (VIII 2020)*
* *Au pays des clowns (X 2020)*
* *365 (XI 2020)*
* *L'Amour écrit... (XII 2020)*
* *Haïkus du Colibri (II 2021)* .../...

.../...

- *Le Bonzaï d'Haïkus (IV 2021)*
- *Blue Haïku (V 2021)*
- *Avoir ou ne pas Avoir (VII 2021)*
- *Haïkus du Soleil (VIII 2021)*
- *Equinoxe (XI 2021)*
- *Un jour... Un poème (XII2021)*
- *50 nuances d'Amour (VI 2022)*
- *Haïkus de l'Eté (VIII2022)*
- *Haïkus blancs de l'Hiver (X2022)*